Bibliografische Information der Deutschen Nationalbibliothek:

Die Deutsche Bibliothek verzeichnet diese Publikation in der Deutschen National-bibliografie; detaillierte bibliografische Daten sind im Internet über http://dnb.d-nb.de/ abrufbar.

Impressum:

Copyright © 2007 GRIN Verlag, Open Publishing GmbH
Druck und Bindung: Books on Demand GmbH, Norderstedt Germany
ISBN: 9783640451999

Dieses Buch bei GRIN:

http://www.grin.com/de/e-book/110924/gattungspoetische-ueberlegungen-zu-rudolfs-von-ems-roman-der-guote-gerhart

Karsten Tischer

Gattungspoetische Überlegungen zu Rudolfs von Ems Roman "Der guote Gêrhart"

GRIN Verlag

Proseminar:
Rudolf von Ems, 'Der gute Gêrhart'
WS 2006/2007

Gattungspoetische Überlegungen

zu Rudolfs von Ems Roman

„Der guote Gêrhart"

Karsten Tischer

Deutsch, Englisch

Inhalt

Ein formaler Hinweis

Quellennachweise aus dem Primärtext finden sich im laufenden Text, in Klammern nach dem jeweiligen Zitat, in folgenden Format: (V. [Verszeile]). Dieses Format ist nicht zu verwechseln mit Jahresangaben in Klammern.

Alle Nachweise von Zitaten aus der Sekundärliteratur erfolgen in Fußnoten am Ende der jeweiligen Seite.

1 Einleitung

> Der Roman hat im Laufe seiner langen Geschichte so vielgestaltige Gebilde
> hervorgebracht, daß man ihn als eine literarische Gattung innerhalb des Epischen
> nicht definieren kann, wohl aber beschreiben, wie er in einer bestimmten Zeit
> ausgesehen hat, was er erzählt, wie er gebaut war und – sofern man darüber etwas
> weiß – was Autoren und Publikum von ihm hielten.[1]

Mit diesen Worten steigt Xenja von Ertzdorff in ihre Untersuchung zum literarischen
Schaffen des Rudolfs von Ems ein. Gerade das Erstlingswerk des späthöfischen Autors
Rudolf, ‚Der guote Gêrhart' bedient hervorragend diese Formulierung. Denn obwohl
sich die Wissenschaftler bei dem um 1210/11 bis 1214/15 entstandenen Werk formal
auf die Gattung des ‚Versromans' einigen konnten, ist eine exakte Festlegung aus der
inhaltlichen Perspektive heraus nicht wirklich erfolgt.[2] Dementsprechend verschieden
fallen die Interpretationen unter diesem Gesichtspunkt aus. Das bestätigt, was Wolfgang
Walliczek über Rudolfs Werk festhält: Es ist ein „literarische[s] Novum"[3] und lässt sich
demzufolge nur schwer in die gängigen Kategorien einordnen. Dennoch wurde es
natürlich versucht, denn wie schon Umberto Eco sagte, „[...] sprechen [Bücher] immer
von anderen Büchern, und jede Geschichte erzählt eine längst schon erzählte
Geschichte."[4] Diese Annahme bestätigt Hilkert Weddige, wenn er sagt, dass es damals
„[...] nicht auf die Erfindung neuer Stoffe [ankommt]."[5]

Die folgenden Seiten sollen die verschiedenen Einordnungsversuche erläutern und
begründen, inwieweit ‚Der guote Gêrhart' in die jeweilige Gattung hineinpasst.

---

[1] Xenja von Ertzdorff: Rudolf von Ems. Untersuchungen zum höfischen Roman im 13. Jahrhundert.
München: Fink 1967. S. 7f.
[2] Vgl. Otto Neudeck: Erzählen von Kaiser Otto. Zur Fiktionalisierung von Geschichte in
mittelhochdeutscher Literatur. Köln, Weimar, Wien: Böhlau 2003 (= Norm und Struktur. Studien zum
sozialen Wandel in Mittelalter und früher Neuzeit 18). S. 202.
[3] Walliczek, Wolfgang: Rudolf von Ems. In: Die deutsche Literatur des Mittelalters. Verfasserlexikon.
Bd. 8: Rev-Sit. 2. Aufl. Hrsg. von Kurt Ruh. Berlin, New York: de Gruyter 1992. S. 328.
[4] Sonja Zöller: Kaiser, Kaufmann und die Macht des Geldes. Gerhard Unmaze von Köln als Finanzier der
Reichspolitik und der ‚Gute Gerhard' des Rudolf von Ems. München: Fink 1993 (= Forschungen zur
Geschichte der älteren deutschen Literatur 16). S. 167.
[5] Hilkert Weddige: Einführung in die germanistische Mediävistik. 5. Aufl. München: Beck 2003. S. 191.

2 Der Artusroman – Gêrhart als *edler* Ritter

Generell lässt sich zunächst festhalten, dass die „höfische Literatur zwischen 1170 und 1230/50 [...] auch als ‚ritterlich-höfische' [...] bezeichnet [wird]"[6] „Frankreich ist richtungsweisend für die höfische Literatur und Kultur Deutschlands."[7] „Zahlreiche französische Modewörter [...] bezeugen die Intensität dieses Einflusses."[8] Und abgesehen vom ‚Nibelungenlied' ist die ‚Artusepik' der beliebteste epische Texttyp des Mittelalters.[9] Diese wurde durch Chrétien de Troyes (ca. 1135-1188) in Frankreich begründet und fand mit den Romanen ‚Erec' und ‚Iwein' von Hartmann von Aue auch ihren Weg nach Deutschland.[10]

Demnach würde es nicht verwundern, wenn Rudolf sich dieses Musters für den ‚Guoten Gêrhart' bedient hatte. Schließlich sah er sich selbst als „Dienstmann"[11], was ihn nach dem Verständnis mancher Germanisten auch zum ‚Ritter' machte.[12] Das Ritterideal mit seinen Tugendwerten diente nämlich für den gesamten Adel als Vorbild für angemessenes Verhalten.[13] Zusätzlich sei erwähnt, dass sich Rudolf den höfischen Meistern, Hartmann, Wolfram und Gottfried, verpflichtet fühlte.[14] Lange galt er sogar als „unkreativer Nachahmer der großen Meister"[15], was ihm dem Titel des ‚Epigonen' einbrachte. Diese Annahme ist heute so nicht mehr gültig, wie das oben angeführte Zitat des ‚literarischen Novums' schon vermuten lässt. Das schließt jedoch nicht aus, dass ‚Der guote Gêrhart' ein Artusroman sein könnte.

Das wohl auffälligste Schema, das Rudolf anscheinend vom Artusroman übernommen hat, ist der ‚doppelte Kursus'. Die Binnengeschichte gliedert sich in zwei Zyklen.

---

[6] Weddige 2003: S. 187.
[7] Ebd. S. 190.
[8] Ebd.
[9] Vgl. Thomas Bein: Germanistische Mediävistik. Eine Einführung. 2. Aufl. Berlin: Erich Schmidt Verlag 2005 (= Grundlagen der Germanistik 35). S. 172.
[10] Vgl. Weddige 2003: S. 194f.
[11] Walliczek 1992: S. 322.
[12] Vgl. Weddige 2003: S. 171f.
[13] Vgl. Werner Wunderlich: Der ‚ritterliche' Kaufmann. Literatursoziologische Studien zu Rudolf von Ems' ‚Der guote Gêrhart'. Kronberg: Scriptor 1975 (= Scriptor Hochschulschriften. Literaturwissenschaft 7). S. 10.
[14] Vgl. Walliczek 1992: S. 325f.
[15] Neudeck 2003: S. 193.

Der Kaufmann Gêrhart beginnt seine Reise in seiner Heimatstadt Köln in Richtung „Sarant" (V. 1198). Gewöhnlich ist der Ausgangspunkt eines Artusromans der Hof des legendären britischen Königs, doch Rudolf könnte mit dem Transfer in die Rheinstadt dem gewünschten Wirklichkeitsbezug seiner Erzählung Rechnung getragen haben, um somit dem sonst märchenhaften Charakter der Artusepik entgegenzuwirken.[16] Auch die „Handlungsträger sind nicht mehr fiktive, sondern pragmatisch behandelte realistische Figuren."[17] Damit zollt Rudolf wahrscheinlich der „sozialen Realität"[18] Tribut, welche weit entfernt war vom Ideal des edlen Ritters.

> [G]egen 1200 können wir feststellen, daß sich die Feudaldichtung mit einem tief gehenden Widerspruch auseinanderzusetzen beginnt, nämlich mit der Tatsache, daß die in ihr gestaltete Idealwelt mit der sozialen und politischen Wirklichkeit der Feudalgesellschaft [...] in keiner Weise übereinstimmte.[19]

Statt eines „Sich-Einsetzens des Starken für den Schwachen"[20] gab es u.a. zahlreiche Kreuzzüge mit Hunderttausenden von Opfern.[21]

Nichtsdestoweniger bleibt der ‚doppelte Kursus' als Muster erhalten. Mit einem „ungewitter winde vil" (V. 1223) beginnt Gêrharts ‚âventiure', die ihn bis nach „Marroch" (V. 1413) verschlägt. Dass Marokko damals ein Land von Heiden war, in das der christliche Kaufmann gelangte, entspricht dem Zweck der Kreuzzüge, der bekanntlich der Kampf gegen die Ungläubigen war. Allerdings versucht Gêrhart nicht die dort ansässigen Heiden zu bekehren, sondern vielmehr ein gutes Geschäft zu machen. Für die Bekehrung wäre der Kölner Kaufmann aus Sicht der Kirche wahrscheinlich auch gänzlich ungeeignet gewesen, da gerade jene Institution das Händlertum „mit moralischer Skepsis betrachtete"[22] und u.a. den Zins verbot.[23]

---

[16] Vgl. Weddige 2003: S. 194f.
[17] Wunderlich 1975: S. 171.
[18] Walliczek 1992: S. 328.
[19] Wunderlich 1975: S. 11.
[20] Bein 2005: S. 173.
[21] Brockhaus Enzyklopädie in 30 Bänden. 21. Aufl. Bd. 15: KIND-KRUS. Leipzig, Mannheim: F.A. Brockhaus 2006. S. 737.
[22] Zöller 1993: S. 99.
[23] Vgl. ebd. S. 102.

Trotzdem waren die Fernhändler der damaligen Zeit weit mehr als „kühl kalkulierende, nüchterne, allein am Profit orientierte Rechner"[24]. Im Seehandel gingen sie ein enormes Risiko auf ihren Fahrten ein und gebrauchten für ihre Reisen „noch lange Zeit den Begriff der *aventiure*"[25]. Sie nannten „sich daher im Mittelalter selbstbewusst beruflich ‚Abenteurer'."[26] Sonja Zöller führt noch weitere Übereinstimmungen von Rittern und Kaufleuten an: So waren beide Gruppen vom „‚allgemeinen Ehrbegriff des Adels' beeinflußt"[27] und ein Kaufmann konnte durch Reichtum und Reputation auch in den Adel, und somit in das Rittertum, aufsteigen.[28] Weiterhin lassen sich in der deutschen höfischen Literatur öfters Bewertungen von Kaufleuten finden, die mit Begriffen aus dem „ritterlich-höfischen Bereich"[29] beschrieben werden.[30] Doch auch außerhalb der Fiktion, so Sonja Zöller, war „[d]er ritterliche Kaufmann [...] eine Erscheinung der historischen Realität."[31] Hier wurde ihm auch die „ethische Verpflichtung"[32] übertragen, sich um die Armen zu sorgen.[33]

In Castelgunt, der marokkanischen „Hafenstadt"[34], befreit Gêrhart die norwegische Prinzessin Êrêne und die mit ihr gefangenen „edlen ritter[...]" (V. 1559) und Frauen. Allerdings tut Gêrhart das nicht mit den Waffen eines Ritters, sondern mit denen eines Kaufmanns – mit Geld. Auch hier scheint Rudolf den für den Artusroman typischen Gewinn einer schönen Frau an die Realität angepasst zu haben.[35] Diese „Reduktion auf das abstrakte Schema"[36] scheint der einzige Weg zu sein, um Kritik am Typus zu üben und zu einer realen Darstellung der Gegenwart zu gelangen.[37]

---

[24] Zöller 1993: S. 93.
[25] Ebd.
[26] Ebd.
[27] Ebd.
[28] Vgl. ebd.
[29] Ebd. S. 94.
[30] Vgl. ebd.
[31] Ebd. S. 95.
[32] Ebd. S. 96.
[33] Vgl. ebd.
[34] Neudeck 2003: S. 218.
[35] Vgl. Kurt Ruh: Epische Literatur des deutschen Spätmittelalters. In: Europäisches Spätmittelalter. Hrsg. von Willi Erzgräber. Wiesbaden: Akademische Verlagsgesellschaft Athenaion 1978. (= Neues Handbuch der Literaturwissenschaft 8), S. 132.
[36] Ebd. S. 136.
[37] Vgl. Ruh 1978: S. 136.

So können wir seit der ersten Hälfte des 13. Jahrhunderts beobachten, wie immer häufiger in der Literatur der Versuch unternommen wird, die alten Ideale in einem anderen Bezugsrahmen entweder wieder aufleben zu lassen oder sogar neu zu definieren.[38]

Immer noch im ersten Zyklus befindend, kehrt Gêrhart auf seinem Schiff mit den Befreiten zurück nach Köln. Anschließend möchte er die gewonnene Frau mit seinem Sohn vermählen, als der totgeglaubte Willehalm, ihr Verlobter, auftaucht. Hier findet der Übergang zum zweiten Zyklus statt. Gêrhart verzichtet auf die Hochzeit und verleiht sich damit selbst „das Epitheton des Königs Artus (der 5910ff. erwähnt wird)"[39]

Im zweiten Kursus fährt Gêrhart nach England, wo ihm aus Dankbarkeit für die Rettung Willehalms die Königskrone angeboten wird. Doch auch hier verzichtet er zugunsten von Willehalm. Nach dem Vergehen Êrêne mit seinem Sohn zu verheiraten, rehabilitiert sich Gêrhart und wendet somit die Krise ab.[40] Der finale Verzicht, die Ablehnung der englischen Krone, „weicht so stark von den möglichen Vorbildern ab, daß man diesen Teil des Romans als eine Eigenschöpfung Rudolfs betrachten darf."[41] Dennoch ist der zweite Kursus insofern typisch, dass er „einer Steigerung gleichkommt"[42] und dadurch die „einzelne *âventiure* erst ihren eigentlichen Stellenwert [gewinnt]."[43]

Neben der ‚doppelten Wegstruktur' ergibt sich scheinbar eine weitere Parallele zum Artusroman. So stellt Thomas Bein heraus, dass „König Artus [...] in allen Romanen eine eher statische, passive Rolle inne"[44] hat. Er entspricht dem „Typus des ruhenden Herrschers, [der] [...] in tatenloser Idealität [verharrt]"[45] und oft „auch mit negativen Zügen versehen [ist]."[46] Die eigentlichen Handlungen „werden jedoch von *Rittern* der Artusrunde getragen."[47]

Hier liegt nun die Vermutung nahe, dass Kaiser Otto, der nur in der Rahmenhandlung auftritt, König Artus aus dem damals gebräuchlichen Grundschema entspricht.

---

[38] Wunderlich 1975: S. 13.
[39] Ruh 1978: S. 137.
[40] Vgl. Horst Brunner: Geschichte der deutschen Literatur des Mittelalters im Überblick. Stuttgart: Reclam 1997. S. 195.
[41] Zöller 1993: S. 311f.
[42] Weddige 2003: S. 198.
[43] Ebd.
[44] Bein 2005: S. 173.
[45] Weddige 2003: S. 204.
[46] Bein 2005: S. 173.
[47] Ebd.

Otto reitet zwar von Magdeburg nach Köln, doch bleibt das seine einzige Handlung, denn dort lässt er sich nur Gêrharts Geschichte erzählen. Ottos „superbia"[48] würde den negativen Eigenschaften von Artus entsprechen. Dagegen verwandelt sich der standardmäßige Ritter der Tafelrunde in den Kölner Kaufmann, der wie der Ritter auf der selben Ebene steht wie der König.[49] Schließlich „entwickelten sich die großen Geldleute allmählich sogar zu Akteuren der Politik."[50]

---

[48] Wolfgang Walliczek: Rudolf von Ems: *Der guote Gerhârt*. In: Interpretationen. Mittelhochdeutsche Romane und Heldenepen. Hrsg. von Horst Brunner. Stuttgart: Reclam 1993. S. 259.
[49] Vgl. Weddige 2003: S. 206.
[50] Zöller 1993: S. 11.

3 Die Patrizierdichtung – Ein Lob auf den Kaufmann

In eine wesentlich weltlicher geprägte Gattung als die Artusepik ordnete Friedrich Sengle den ‚Guoten Gêrhart' ein. In einem Aufsatz aus dem Jahre 1950 nennt er den Versroman „Patrizierdichtung."[51] Sengle stützt dabei seine Annahme auf einen Kölner Kaufmann, der in jener Zeit tatsächlich gelebt hat und dem scheinbar fiktiven Gêrhart entsprechen soll.[52] Denn obwohl über Rudolf selbst nur wenig bekannt ist, gibt es für das Wirken Gerhard Unmazes zahlreiche Indizien. Ausführlich hat sich Sonja Zöller mit dem realen Vorbild auseinandergesetzt.

„In der mittelhochdeutschen Literatur um 1200 ist noch wenig vom Geld die Rede."[53] Dies ändert sich entsprechend mit dem „Übergang von der Natural- zur Geldwirtschaft."[54] So spielten „auch deutsche Finanziers eine bedeutende Rolle in Wirtschaft und Politik."[55] „Gerardus Unmaze"[56] ist der „am häufigsten dokumentierte Kölner Bürger des 12. Jahrhunderts."[57] Er verfügte über ein „wahrhaft fürstliches Vermögen"[58] und war „einer der einflußreichsten Kölner Bürger dieser Zeit."[59] Seine Heimatstadt Köln war „[i]m 12. Jahrhundert [...] die größte Stadt im Reichsgebiet und die bedeutenste Fernhandelsmetropole Mitteleuropas."[60] Die „Kölner Mark und [der] Kölner Pfennig waren [...] ‚die deutsche Leitwährung [...]."[61] Ebenso weitreichend war der politische Einfluss der Stadt.[62] So waren die Kölner u.a. stark in den staufisch-welfischen Thronstreit involviert.[63]

---

[51] Friedrich Sengle: Die Patrizierdichtung ‚der gute Gerhard'. Soziologische und dichtungsgeschichtliche Studien zur Frühzeit Rudolfs von Ems. In: DVjs 24 (1950). S. 53.
[52] Vgl. Max Wehrli: Geschichte der deutschen Literatur im Mittelalter. Von den Anfängen bis zum Ende des 16. Jahrhunderts. 3. Aufl. Stuttgart: Reclam 1997. S. 485.
[53] Zöller 1993: S. 9.
[54] Ebd.
[55] Ebd. S. 10.
[56] Ebd. S. 23.
[57] Ebd.
[58] Zöller 1993: S. 24.
[59] Ebd.
[60] Ebd. S. 27.
[61] Ebd.
[62] Vgl. ebd. S. 28.
[63] Vgl. ebd. S. 114f.

Sie unterstützten den Welfen Otto – natürlich vor allem mit Geld.[64] Zwar starb Gerhard Unmaze etwa 1198, doch Otto IV. soll er noch mitfinanziert haben.[65] Weiterhin verfügte man über ausgezeichnete Beziehungen nach England. Während der Gefangennahme Richards I. im Jahre 1192 sollen tatsächlich auch Kölner mit zu seiner Freilassung beigetragen haben.[66]

Parallelen zu Rudolfs Erzählung bieten sich geradezu an, trotzdem findet Sonja Zöller wesentliche Merkmale, die dagegen sprechen.

Eine Identifizierung Gêrharts mit dem Kölner Finanzier gestaltet sich schon aufgrund seines Beinamens ‚Unmaze' schwierig. Er steht zwar u.a. für „'unvergleichlich' und ‚außerordentlich'"[67], aber auch für „maßlos"[68]. Diese Eigenschaft steht für Hochmut und Besitzgier, also gerade das, was eher Kaiser Otto verkörpert.[69] Wegen dieser „moralisch abwertende[n] Bedeutung"[70] legte die gesamte Familie auch bald den Beinamen ab.[71] Dennoch ist er bis heute erhalten geblieben.

Weiterhin „steht nicht so sehr die Figur eines (realen) Kaufmanns im Vordergrund der Erzählung, sondern die theoretischen Aspekte und Ansprüche einer kaufmännischen Denkart."[72] ‚Der guote Gêrhart' sei eher als „religiöse Beispielgeschichte"[73] bzw. als „Exempelgeschichte"[74] zu verstehen. Es geht um „religiöse[...] Wahrheiten"[75], um „eine ‚höhere Wahrheit'"[76] und nicht um eine „Verherrlichung des Kölner Patriziers."[77] Zudem sind Elemente, wie die Verheiratung seines Sohnes mit Êrêne, einer Königstochter, oder die Krönung von Gêrhart, „eher [M]ärchenhafte denn [R]ealistische [...]."[78] Allerdings kann Sonja Zöller Sengles These nicht vollständig widerlegen.

---

[64] Vgl. ebd. S. 115.
[65] Vgl. ebd. S. 112, 124.
[66] Vgl. ebd. S. 111.
[67] Ebd. S. 24.
[68] Ebd.
[69] Ebd.
[70] Ebd.
[71] Vgl. ebd. S. 25.
[72] Ebd. S. 171.
[73] Ebd.
[74] Zöller 1993: S. 171.
[75] Ebd.
[76] Ebd. S. 170.
[77] Neudeck 2003: S. 195.
[78] Zöller 1993: S. 263.

So räumt sie ein, dass in der Forschung schon öfters Gêrhart als Legende betrachtet worden ist. Und da das Mittelalter „die Legendendichtung stets als eine Art der Geschichtsschreibung"[79] betrachtete, scheint eine Beeinflussung Rudolfs durch die historische Figur durchaus möglich zu sein. „Betrachten wir den ‚Guten Gerhard' als einen ‚Legendenroman', so unterstreichen wir damit noch zusätzlich seinen historischen Charakter."[80] Eine Person mit dem Einfluss Unmazes konnte leicht „zu einer Art Legendengestalt"[81] werden, denn „[d]as Volk war weitherzig in der Wahl seiner Heiligen."[82] Während Gêrhart zwar in seiner Position als Kaufmann weit von einer religiösen Heiligenfigur entfernt war, könnte ihn das Volk, aufgrund seiner Verdienste im Aufstieg Kölns zu einer der wichtigsten Metropolen, zu einem „Quasi-Heiligen"[83] gemacht haben.

---

[79] Ebd. S. 264.
[80] Ebd.
[81] Ebd. S. 266.
[82] Ebd.
[83] Ebd. S. 263.

4 Die Propagandadichtung – Der *politische* Gêrhart

Ein ähnlichen Weg wie Sengle gehen die Germanisten, die den ‚Guoten Gêrhart' als ‚Propagandadichtung' oder ‚Geschichtsschreibung' deuten. Allerdings erfolgt der historische Bezug nicht nur auf die Person Gerhard Unmazes, sondern auf die historische Situation im Ganzen. Auch für diesen Versuch der Einordnung des Romans finden sich Evidenzen. Wie schon die „soziale Fixierung der Hauptgestalt"[84] auf einen Kölner Kaufmann einen stärkeren Bezug zur Realität in Anspruch nimmt, sind auch darüber hinaus deutliche politische Einflüsse erkennbar.

Es tauchen im Text sowohl Hinweise auf, die für die Botschaft der Erzählung eher zweitrangiger Natur sind, als auch welche, die entscheidender sind.
Zur ersten Gruppe gehört z.B. die oben angesprochene, mögliche Übereinstimmung Gêrharts mit Gerhard Unmaze, als auch die Stellung Kölns allgemein. Weiterhin fällt ein Bezug zu Richard Löwenherz auf. Dieser „tapfere[...] Ritter"[85] starb rund zehn Jahre, bevor Rudolf von Ems den ‚Guoten Gêrhart' schrieb.[86] Für Richards Auslösung aus der Gefangenschaft in Deutschland sind 100 000 Mark Silber als Lösegeldsumme überliefert.[87] Das entspricht der Summe, die Gêrhart für die Befreiung Êrênes und der Ritter aufwenden muss. Wesentlich bedeutender, so Zöller, erscheint jedoch die Parallele zwischen Willehalm/Êrêne und Richards Heiratsgeschichte.[88] Richards Brautwerbung um Berengaria, die Tochter des Königs von Navarra, hat ähnlich abenteuerliche Züge, wie die des Paares aus Rudolfs Roman. So tritt Berengaria eine „gefährliche Seereise"[89] an, um ihren Geliebten, der sich gerade auf dem dritten Kreuzzug (1189-92) befand, aufzuspüren, um „im Ausland zu heiraten."[90] In Messina kommt es zum Zusammentreffen beider;[91] in Zypern zu einer „Beinahe-Gefangennahme."[92] Beide segeln anschließend getrennt – auf zwei Schiffen – Richtung

---

[84] Wunderlich 1975: S. 171.
[85] Zöller 1993: S. 312.
[86] Vgl. ebd. S. 312.
[87] Vgl. ebd. S. 313.
[88] Vgl. ebd.
[89] Ebd.
[90] Ebd. S. 314.
[91] Vgl. ebd.
[92] Ebd.

Palästina, wo die Hochzeit ausgerichtet werden soll. Übereinstimmungen zum ‚Guoten Gêrhart' werden offensichtlich und verstärkt durch die Tatsache, dass beide Schiffe durch einen Sturm auseinander getrieben werden.[93] Die Schiffbrüchigen von Berengarias Schiff, welches in Zypern strandet, werden von Kaiser Isaak gefangen genommen.[94] Richard befreite später alle, indem er die gesamte Insel eroberte.[95]

Noch eindeutigere Anspielungen enthält jedoch die Rückreise des Paares.[96] „Im Oktober 1192 verließen Richard und Berengaria Palästina wieder auf verschiedenen Schiffen"[97], gerieten in einen Sturm, wurden erneut getrennt, wobei Richard schließlich an der marokkanischen Küste gelandet sein soll.[98] Später „erlitt er Schiffbruch"[99] und „strandete am Ufer zwischen Aquileja und Venedig."[100] Darauf folgte die Heimreise durch „das Land seines Feindes, des Herzogs von Österreich [...] in der Verkleidung eines Pilgers."[101] Somit deckt sich Richards Geschichte in etwa mit der Willehalms, der als Totgeglaubter in Köln auftaucht. Gêrhart erblickt den „man, / der trouc vil ermeclîchen an / vil armez kleit mit armekeit" (V. 3711-3713), dessen „antlütz über al / was im diu varwe ersalwet." (V. 3716f.)

Trotz der aufregenden Geschichte Löwenherz' ist der wichtigste Schnittpunkt des Romans mit dem Schicksal eines anderen Mannes verknüpft – dem von Otto IV. Dieser spielt im Roman selbst keine Rolle. Hier agiert Kaiser Otto I.[102] Jener Otto (Kaiserkrönung im Jahre 962) verstand sich als Retter der Menschheit, denn nachdem im Alten Testament der Prophet Daniel vorhergesagt hatte, dass nach vier Weltreichen der Antichrist kommen würde – und das Römische Reich war das Vierte – vermachte sich Otto den Titel des Retters.[103] Dieser Übermut spiegelt sich auch im Versroman wieder, als Otto für die Gründung des Erzbistums Magdeburg quasi eine Anerkennung

---

[93] Vgl. Zöller 1993: S. 314.
[94] Vgl. ebd.
[95] Vgl. ebd.
[96] Vgl. ebd. S. 315.
[97] Ebd.
[98] Vgl. ebd.
[99] Ebd.
[100] Ebd.
[101] Ebd.
[102] Vgl. Walliczek 1993: S. 255.
[103] Vgl. Klaus Wiegrefe: Am Anfang war das Reich. Wie aus Franken, Bayern und anderen Stämmen ein Volk wurde. In: Der Spiegel 4 (2007). S. 56f.

Gottes fordert. Doch unter dem „Anspruch [des Romans] als Fürstenunterweisung"[104] bezieht sich die Gestalt Ottos eher auf den aktuellen welfischen König und späteren Kaiser und kann daher als ‚Propagandadichtung' verstanden werden.[105] Otto Neudeck sagt sogar, dass Rudolfs Werke generell ‚historiae' sind.[106] Er spricht von einer „starke[n] Einbeziehung von realen geschichtlichen Momenten."[107] Auch Neudeck spricht von einer „tendenziöse[n] ‚Propagandadichtung'"[108], die „ein Appell an *seinen* [Otto I.] gleichnamigen Amtsnachfolger Otto IV. zu verstehen ist [...] [und] für *sein* [Rudolfs] Primärpublikum als solcher erkennbar gewesen sei."[109] Neudeck bezeichnet Rudolfs Roman gar als „Schlüsselroman"[110] mit dem Blick auf die diffizile Situation des Kaisers. Konkret befand sich Otto IV. zur Entstehungszeit des ‚Guoten Gêrhart' in einer sehr prekären politischen Situation. Es ging um den deutschen Thron. Die Frage sollte zwischen dem Welfen Otto IV. und seinen staufischen Konkurrenten entschieden werden. Nach der Kaiserkrönung Ottos im Jahre 1209 schien eine Entscheidung zu seinen Gunsten gefallen zu sein; doch schon 1214, in der Schlacht bei Bouvines (Flandern), zerbrach die Macht wieder. Otto IV. verlor nicht nur jene Schlacht, sondern auch seine politische Bedeutung.[111] Doch schon vorab deuteten sich Schwierigkeiten an. Ein Jahr nach seiner Kaiserkrönung zerwarf er sich mit Papst Innozenz III.[112] Dieser belegte ihn fortan mit dem Vorwurf der ‚superbia'.[113] Verbindet man diese geschichtlichen Daten mit der ungefähren Entstehungszeit des Romans, sind deutliche Übereinstimmungen zu erkennen. Rudolf wählte allerdings Otto I. als überheblichen Kaiser, da der Thronstreit zu dieser Zeit noch nicht entschieden war. Rudolfs Auftraggeber befanden sich in einem Dilemma, welches es nötig machte, die „Herrschermahnung nicht zu direkt auf einen der beiden Kontrahenten zu beziehen."[114]

---

[104] Walliczek 1992: S. 329.
[105] Vgl. ebd.
[106] Vgl. Neudeck 2003: S. 197.
[107] Ebd.
[108] Neudeck 2003: S. 200.
[109] Ebd.
[110] Ebd.
[111] Vgl. Brunner 1997: S. 104.
[112] Vgl. Neudeck 2003: S. 202.
[113] Vgl. Ebd. S. 203.
[114] Ebd. S. 224.

Allerdings war diese Methode der „Figuraldeutung"[115] eine durchaus Übliche in der „mittelalterliche[n] Geschichtsinterpretation."[116] Hier wurden, so Sonja Zöller, „zwei zeitlich auseinanderliegende Ereignisse oder Personen so aufeinander bezogen, daß das frühere zumeist als Vorausdeutung des späteren zu verstehen ist."[117]

Nicht zu vergessen, ist natürlich auch die bloße Namensidentität beider Kaiser.[118] Auch die Tatsache, dass Otto IV. derjenige Thronkandidat war, der von der Stadt Köln besonders gefördert worden war, findet ihre Ähnlichkeit im Roman.[119] So kann man durchaus Gêrhart als Förderer Ottos I. im Roman verstehen, der versucht, ihn durch seine Geschichte zu belehren. Die reale Förderung des Welfenkaisers durch die Kölner Bürger bestätigt auch Papst Innozenz III. in zwei Briefen an die Einwohner der Rheinstadt.[120] Und „gerade durch die Aktivitäten Unmazes"[121] wurde „die Stadt zu einem politischen Machtfaktor."[122] Mit der Niederlage Ottos IV. ging auch die Stadt unter.[123]

---

[115] Zöller 1993: S. 222.
[116] Ebd.
[117] Zöller 1993: S. 222.
[118] Vgl. Neudeck 2003: S. 239.
[119] Vgl. Zöller 1993: S. 114f.
[120] Vgl. ebd. S. 120.
[121] Ebd. S. 124.
[122] Ebd.
[123] Vgl. ebd.

5 Die Streitnovelle – Der *vollkommene* Gêrhart

Nachdem gerade die deutlichen Verbindungen des Versromans zur damaligen Geschichte Deutschlands angeführt wurden, beschäftigte sich die Forschung auch mit der Frage nach dem literarischen Ursprung der Erzählung. Der zu Beginn erläuterte Typus des Artusromans bot allerdings nur schematische Ähnlichkeiten. Dagegen weist eine jüdische Erzählung sehr auffällige Überscheidungen mit Rudolfs Werk auf.

Es handelt sich um die Erzählung ‚Der Gefährte im Paradies', die man zum ersten Mal im 11. Jahrhundert bei dem Talmudgelehrten Nissim Ben Jacob findet.[124] Anke Kleine fasst den Inhalt kurz zusammen:

> Ein frommer Gelehrter möchte von Gott wissen, wer ihm im Paradies als Gefährte beschieden sei. Im Traum erfährt er, daß dies ein Metzger aus seiner Stadt sein werde. Tief gekränkt sucht er den Metzger auf und bittet ihn, von seinen frommen Werken zu erzählen. Nach einigen Bescheidenheitsäußerungen [...] berichtet er von einem besonderen Ereignis: Eines Tages sah er in einer Gruppe Gefangener, die durch seine Stadt geführt wurde, ein auffällig trauriges Mädchen. Als er sie ansprach und erfuhr, daß sie eine Jüdin war und sich in der Schar von Nichtjuden verloren glaubte, löste er sie für viel Geld aus und nahm sie bei sich auf. Nach einer gewissen Zeit überredete er seinen Sohn, das fromme, aber mittellose Mädchen zu heiraten. Während der prächtigen Hochzeitsfeier bemerkte er einen betrübten jungen Mann, der sich nach einigem Zögern als der rechtmäßige Bräutigam des Mädchens zu erkennen gab. Der Metzger bewegte nun seinen Sohn zum Verzicht und ließ das für einander bestimmte Paar unter den Traubaldachin treten. Den Vermählten gab er alles das, was er seinem Sohn zugedacht hatte, und schickte sie in ihre Heimat zurück. – Der fromme Gelehrte ist daraufhin glücklich, einen so guten Nachbarn im Paradies erwarten zu dürfen.[125]

Während die meisten Germanisten die Quellenfrage für den Roman nur relativ kurz abhandeln, besteht Anke Kleine darauf, anzuerkennen, dass „es eine Erzählung gibt, in der die[...] Elemente schon vorhanden sind."[126] Tatsächlich sind die Übereinstimmungen erdrückend. Zwar fehlt in der jüdischen Geschichte eine Entsprechung von Gêrharts Reise nach England, doch ansonsten ist das Muster nahezu identisch.

Das wirft die Frage auf, wie Rudolf an diese ferne Quelle gekommen sein soll. Eventuell könnte die Geschichte mündlich über einen Juden direkt zu Rudolf oder zu seinem Auftraggeber Rudolf von Steinach getragen worden sein. Gerade in Rudolfs von

---

[124] Vgl. Anke Kleine: ‚Der Gefährte im Paradies'. Der *guote Gêrhart* und die jüdische Überlieferung. In: Jiddistik. Mitteilungen 17 (1997), S. 2.

[125] Kleine 1997: S. 2f.

[126] Ebd. S. 7.

Ems Wirkungsstätte, der Region Vorarlberg – also im heutigen österreichischen Raum – lebten damals viele Juden.[127]

Wenn man sich nun auf diesen Typus festlegen möchte, sollte lediglich der Terminus etwas abgeändert werden. Der Begriff ‚Novelle' ließe nämlich auf eine kurze Erzählung schließen und das ist ‚Der guote Gêrhart' sicherlich nicht. Demnach wäre eventuell ‚Streiterzählung' angebrachter.

Ein weiterer Ursprung für die ‚Streiterzählung' könnten allerdings auch die „seit der Spätantike tradierten [...] *Vitas patrum*"[128] sein. Diese erhaltene Sammlung von „christlich-hellenistischen Mönchsgeschichten"[129] würde sich ebenfalls anbieten, wenn man sieht, dass Rudolf aus der „lateinischen Bildungstradition"[130] stammt. Auch inhaltlich sind Überdeckungen sichtbar:

> Im Mittelpunkt steht dort der religiöse Vollkommenheitsvergleich zwischen einer rangmäßig hochstehenden Figur mit einer solchen von wesentlich niedrigerem sozialem Status, die jedoch erstere nicht nur in ethischer Hinsicht weit in den Schatten stellt, sondern auch deren Stolz über die eigenen guten Werke relativiert und diskreditiert.[131]

Beide Möglichkeiten der ‚Streitnovelle' könnten Rudolf zur Verfügung gestanden haben. Er hat sie dann nur noch historisch konkretisiert.[132]

---

[127] Brockhaus Enzyklopädie in 30 Bänden. 21. Aufl. Bd. 14: JEN-KINC. Leipzig, Mannheim: F.A. Brockhaus 2006. S. 136.
[128] Neudeck 2003: S. 216.
[129] Ertzdorff 1967: S. 163.
[130] Ertzdorff 1967: S. 11.
[131] Neudeck 2003: S. 216.
[132] Vgl. ebd. S. 219.

6 Schluss

Nach dieser Betrachtung fällt es immer noch schwer den ‚Guoten Gêrhart' eindeutig in eine Gattung einzuordnen. Es hängt vielmehr vom jeweiligen Ansatzpunkt des Lesers ab, ob er Rudolfs Versroman als historisches Werk, welches Bezüge zur aktuellen Politik aufweist, oder z.B. als „Exempelgeschichte"[133] versteht, in der vor allgemeinen menschlichen Problemen, wie dem Hochmut, gewarnt werden soll.

Die Einflüsse auf Rudolfs Werk scheinen jedenfalls sehr vielfältig gewesen zu sein. Neben den aufgeführten möglichen Gattungen finden sich noch weitere Elemente, die wiederum anderen Gattungen angehören. Als Beispiel sei hier nur kurz der Seesturm und die anschließende Irrfahrt Gêrharts zu nennen, die an jene Odysseus' erinnert und somit ein Element des Antikenromans ist.[134]

Was man jedoch mit relativer Sicherheit festhalten kann, ist, dass das Vorurteil, Rudolf sei nur ein Epigone im Schatten der großen Meister, definitiv nicht mehr zutrifft.[135] Vielmehr brachte Rudolf die „erste Ich-Erzählung in die deutsche Literatur"[136] ein. Als „einen der gelehrtesten mittelhochdeutschen Autoren"[137] mit einer „beträchtliche[n] lateinische[n] Bildung"[138] dürfte es ihm nicht sonderlich schwer gefallen sein, mit seinem „literarische[n] Repertoire"[139] etwas Einzigartiges zu schaffen. „[J]edenfalls findet sich nichts Vergleichbares in der zeitgenössischen Literatur."[140]

---

[133] Zöller 1993: S. 171.
[134] Vgl. ebd. S. 295.
[135] Wunderlich 1975: S. 15.
[136] Walliczek 1993: S. 255.
[137] Walliczek 1992: S. 325.
[138] Wehrli 1997: S. 484.
[139] Walliczek 1993: S. 263.
[140] Zöller 1993: S. 12.

7 Bibliographie

Primärtext

Der guote Gêrhart. Hrsg. von John A. Asher. 3. Auflage. Tübingen: Niemeyer 1989
(=Altdeutsche Textbibliothek 56).

Abhandlungen

Bein, Thomas: Germanistische Mediävistik. Eine Einführung. 2. Aufl. Berlin: Erich
Schmidt Verlag 2005 (= Grundlagen der Germanistik 35).

Brockhaus Enzyklopädie in 30 Bänden. 21. Aufl. Bd. 14: JEN-KINC. Leipzig,
Mannheim: F.A. Brockhaus 2006.

Brockhaus Enzyklopädie in 30 Bänden. 21. Aufl. Bd. 15: KIND-KRUS. Leipzig,
Mannheim: F.A. Brockhaus 2006.

Brunner, Horst: Geschichte der deutschen Literatur des Mittelalters im Überblick.
Stuttgart: Reclam 1997.

Ertzdorff, Xenja von: Rudolf von Ems. Untersuchungen zum höfischen Roman im 13.
Jahrhundert. München: Fink 1967.

Kleine, Anke: ‚Der Gefährte im Paradies'. Der *guote Gêrhart* und die jüdische
Überlieferung. In: Jiddistik. Mitteilungen 17 (1997), S. 1-17.

Neudeck, Otto: Erzählen von Kaiser Otto. Zur Fiktionalisierung von Geschichte in
mittelhochdeutscher Literatur. Köln, Weimar, Wien: Böhlau 2003 (= Norm und
Struktur. Studien zum sozialen Wandel in Mittelalter und früher Neuzeit 18).

Ruh, Kurt: Epische Literatur des deutschen Spätmittelalters. In: Europäisches
Spätmittelalter. Hrsg. von Willi Erzgräber. Wiesbaden: Akademische
Verlagsgesellschaft Athenaion 1978. (= Neues Handbuch der Literaturwissenschaft 8),
S.117-188.

Sengle, Friedrich: Die Patrizierdichtung ‚der gute Gerhard'. Soziologische und
dichtungsgeschichtliche Studien zur Frühzeit Rudolfs von Ems. In: DVjs 24 (1950),
S.53-82.

Walliczek, Wolfgang: Rudolf von Ems. In: Die deutsche Literatur des Mittelalters.
Verfasserlexikon. Bd. 8: Rev-Sit. 2. Aufl. Hrsg. von Kurt Ruh. Berlin, New York: de
Gruyter 1992, S. 322-345.

Walliczek, Wolfgang: Rudolf von Ems: *Der guote Gerhârt*. In: Interpretationen. Mittelhochdeutsche Romane und Heldenepen. Hrsg. von Horst Brunner. Stuttgart: Reclam 1993, S. 255-270.

Weddige, Hilkert: Einführung in die germanistische Mediävistik. 5. Aufl. München: Beck 2003.

Wehrli, Max: Geschichte der deutschen Literatur im Mittelalter. Von den Anfängen bis zum Ende des 16. Jahrhunderts. 3. Aufl. Stuttgart: Reclam 1997.

Wiegrefe, Klaus: Am Anfang war das Reich. Wie aus Franken, Bayern und anderen Stämmen ein Volk wurde. In: Der Spiegel 4 (2007). S. 52-62.

Wunderlich, Werner: Der ‚ritterliche' Kaufmann. Literatursoziologische Studien zu Rudolf von Ems' ‚Der guote Gêrhart'. Kronberg: Scriptor 1975 (= Scriptor Hochschulschriften. Literaturwissenschaft 7).

Zöller, Sonja: Kaiser, Kaufmann und die Macht des Geldes. Gerhard Unmaze von Köln als Finanzier der Reichspolitik und der ‚Gute Gerhard' des Rudolf von Ems. München: Fink 1993 (= Forschungen zur Geschichte der älteren deutschen Literatur 16).